# FLEURUS - IDÉES

*Artisanat contemporain*

# MOBILIER PEINT

JACLYN FISCHMAN

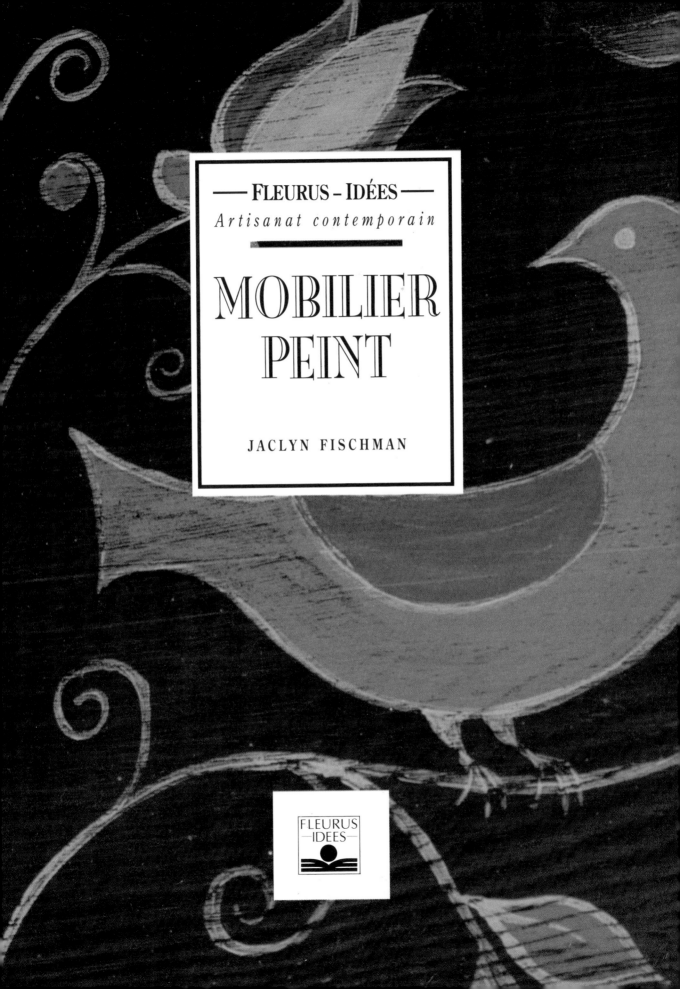

# FLEURUS – IDÉES

*Artisanat contemporain*

# MOBILIER PEINT

JACLYN FISCHMAN

FLEURUS
IDEES

REMERCIEMENTS

*L'auteur remercie Sarah Greave Stewart pour l'avoir introduite à ce projet ; Elle Frieda de la revue World of Interiors pour son aide et son temps ; Florence de Dampenir dont les superbes ouvrages sur l'histoire des meubles peints ont constitué une précieuse source de références ; Stanley et Joanne Fishman, pour leur soutien sans réserve ; et Simon et Deborah Vermooten pour leur chambre d'amis, leur ordinateur et leur patience.*

*Photographies Sue Atkinson, sauf page 9 (Ingrid Mason Pictures).*

Titre original en langue anglaise
*Painting Furniture*
Traduction française
de Hélène Tordo.

# SOMMAIRE

# INTRODUCTION

Qui n'a jamais empilé des revues sur une table basse pour dissimuler ses taches et ses éraflures, ou enterré la commode héritée d'une lointaine parente dans un grenier en se disant qu'il faudrait « en faire quelque chose » ? Chaque famille possède un ou deux meubles en bois qui ont perdu leur éclat et leur jeunesse. Déplacés de pièce en pièce pour finir à la cave ou au fond du garage, ils rejoignent la foule d'objets inutiles dont on ne se résout pas à se séparer pour des raisons sentimentales. L'objectif du présent ouvrage est de vous inciter à regarder ces compagnons du passé d'un œil neuf ou à chiner en quête de pièces brutes chez les brocanteurs ou dans les boutiques de meubles en pin pour leur offrir une seconde jeunesse ou une nouvelle personnalité à l'aide de techniques simples mais spectaculaires.

L'idée de peindre des meubles n'a rien de particulièrement nouveau. Depuis des milliers d'années, le bois constitue un support évident sur lequel les peintres et les décorateurs ont largement exercé leurs talents. On en retrouve des exemples chez les Egyptiens de l'Antiquité qui enduisaient le bois d'une couche d'apprêt avant d'appliquer des pigments pour orner les chaises, les coffres et les objets de culte. Les techniques ont évolué, la chimie a pris le relais des

pigments naturels, mais c'est le même geste que nous reproduisons aujourd'hui.

Les laques orientales, qui appartiendraient à la dynastie Han (206 av. J.-C. - 220 apr. J.C.), sont considérées comme les ancêtres de la peinture sur bois contemporaine. Les Chinois revêtaient la surfaces des meubles et des objets en bois de plusieurs couches d'une sorte de vernis issu du latex d'un arbre appelé *Rhus vernicifera* et coloré en rouge avec du cinabre ou en noir avec du charbon d'os broyés. Ils appliquaient sur le bois jusqu'à vingt couches de laque et laissaient sécher chaque couche plus de douze heures. Les détails décoratifs étaient généralement exécutés dans les dernières couches. Les laques apparaissent dans toutes les dynasties successives pour être finalement introduites en Europe vers la fin du XVIIᵉ siècle, lorsque la reine de Siam fit cadeau à Louis XIV de deux petits meubles laqués. La mode se répandit et toute demeure noble se dota d'une pièce décorée à l'orientale et entièrement meublée de laques. Or, les grandes compagnies marchandes n'arrivaient pas à satisfaire la demande pour des meubles qui exigeaient un temps de fabrication considérable et atteignaient alors des prix fort élevés. Les ébénistes importèrent les panneaux laqués pour tenter de les assembler sur place, mais les dimensions ne correspondaient pas toujours aux conceptions européennes en matière de menuiserie et les panneaux présentaient des différences trop nettes de nuances ou de motifs pour créer des meubles harmonieux.

L'autre solution fut de mettre au point une technique européenne, ce que firent trois Français, les frères Martin, qui inventèrent un vernis à base de copal, le « vernis Martin ». A partir de là, le mouvement se répandit dans toute l'Europe et de nombreux artisans et peintres imitèrent la technique des Français en lui im-

*Cette superbe armoire peinte est ornée de fruits et de fleurs dans le style traditionnel du mobilier européen du XIXᵉ siècle.*
*(Avec l'aimable autorisation de McWhirter Antique Furniture, Londres).*

*Ce coffret à pieds du début du XIX<sup>e</sup>
siècle constitue un exemple raffiné
des laques chinoises (Sotheby's,
Londres).*

**Cette ravissante commode
édouardienne (1903) illustre
l'engouement des Britanniques
pour les modèles du XVIII<sup>e</sup> siècle
(Sotheby's, Londres).**

primant leur propre style. Ornements détaillés et tableaux de maître envahirent les meubles, les murs et les parquets des palais et des demeures de la haute société. La peinture décorative sur bois gagna également la Russie à la suite de Pierre le Grand qui y rapporta les nombreux objets orientaux qu'il avait rassemblés au cours de ses voyages en Europe.

Mais ce fut dans les régions montagneuses des pays scandinaves et de Suisse, coupées des influences extérieures par les longs hivers rigoureux, que l'art des meubles peints évolua vers une expression populaire, un style désormais reconnu avec ses formes naïves et ses coloris sans prétention.

*Les livres de motifs constituent une excellente source d'inspiration. Sur cette page, trois motifs populaires de Scandinavie.*

Si la technique reste foncièrement la même, avec la qualité de finition des grandes oeuvres du XVIII<sup>e</sup> siècle, les styles varient énormément. Chaque pays et chaque culture a, à un moment ou à un autre, enrichi l'histoire de l'art du mobilier peint.

Les réalisations contemporaines sont généralement vives et expressives, avec une note humoristique ou satirique. Les oeuvres présentées dans le chapitre Exposition (pages 18 à 27) illustrent parfaitement la diversité illimitée des sources d'inspiration et la souplesse de la technique en tant que moyen d'expression.

Les modèles expliqués plus loin ne sont que des exemples de ce qu'il est possible d'obtenir en respectant les principes de base de la technique, et non des modèles à copier servilement. Une fois que vous maîtriserez la technique, vous serez parfaitement apte à réaliser vos propres créations avec le talent d'un professionnel. Inspirez-vous des motifs qui ornent les objets qui vous entourent (étoffes, tapis, vaisselle) ou la nature (fleurs, fruits, feuilles, animaux ou paysages). Et pour ceux qui manqueraient d'inspiration, il existe des livres de motifs qui ne demandent qu'à être copiés ou interprétés.

Dénichez ou exhumez le petit meuble qui n'attend que votre coup de pinceau pour devenir l'élément central de votre intérieur. Outre le fait de rénover un meuble abandonné pour lui redonner une utilité, la peinture sur bois procure une grande satisfaction personnelle dans la mesure où il s'agit de créer un objet durable et beau qui retiendra l'admiration. Et personne ne reconnaîtra dans ce buffet artistement décoré le vieux bahut du grenier qui abritait les vieux journaux et la poussière.

# FOURNITURES

Dans ce chapitre, vous apprendrez à différencier la peinture, la teinture et le vernis et à choisir la brosse ou le pinceau adapté à chaque étape de votre travail. Drogueries, boutiques de bricolage, de décoration, de dessin ou d'art, grandes surfaces, nombreux sont les points de vente où vous trouverez toutes les fournitures nécessaires à la réalisation des meubles peints. Certaines boutiques de décoration vendent, en outre, des modèles de motifs et des assortiments de pochoirs prédécoupés.

### PEINTURES

A l'huile (peinture glycérophtalique, laques, etc.) ou à l'eau (émulsion vinylique, peinture acrylique), la peinture existe en fini mat, satiné ou brillant. Sur les meubles, la peinture mate offre une meilleure surface d'adhérence pour les détails décoratifs. Il est toujours possible de terminer par une couche de vernis pour donner du brillant à la composition.

La plupart des modèles des pages 28 à 94 utilisent de la peinture à l'eau. La peinture à l'huile offre des coloris plus vifs au fini impeccable, mais la peinture à l'eau est plus facile à travailler : elle se dilue à l'eau et les brosses se nettoient à l'eau tiède légèrement savonneuse, alors que la peinture à l'huile nécessite l'emploi d'un solvant, white spirit ou térébenthine, tant pour la dilution que pour le nettoyage. En outre, s'il faut compter 8 à 12 heures de séchage pour la peinture à l'huile, la peinture à l'eau sèche en 2 à 3 heures.

Quel que soit votre choix, laissez bien sécher chaque couche avant d'appliquer la suivante pour éviter les rides et les cloques. Si vous utilisez de la peinture à l'huile, vérifiez sa composition : certaines contiennent du plomb et sont toxiques pour les enfants, même sèches.

Rien n'est plus subjectif que l'appellation des couleurs. Nous avons tenté d'utiliser les dénominations courantes, mais vous vous rendrez rapidement compte que chaque marque possède sa propre terminologie et que le vert mousse de l'une ne correspond pas toujours au vert mousse de l'autre. En outre, certains fabricants n'hésitent pas à baptiser leurs coloris de noms plus ou moins fantaisistes qui n'évoquent pas toujours les mêmes coloris d'une personne à l'autre. Dans tous les cas, vérifiez les couleurs sur les nuanciers sans vous fier à leur nom.

### TEINTURES

Comme la peinture, la teinture peut être à base d'eau ou d'huile. La teinture à l'huile est généralement moins opaque, mais il faut compter une nuit de séchage. Certaines teintures foncent simplement le bois, d'autres imitent les essences nobles (chêne, acajou, etc.), d'autres encore cirent ou protègent le bois en même temps.

On applique la teinture à la brosse ou au chiffon doux en procédant par touches régulières. Pour obtenir une surface uniforme, il est recommandé d'appliquer toute la couche en une seule fois dans le sens du fil du bois. Si vous devez vous interrompre, terminez d'abord le panneau commencé.

N.B. : **Teintures et peintures** sont vendues en pots de contenances différentes (généralement de 500 ml à un litre). Pour les détails et les petites surfaces, pensez à la peinture pour maquettes.

### VERNIS ET CIRES

Lorsque le décor est peint, il est indispensable de le fixer et de protéger votre œuvre de l'usure, des chocs et des accidents. On peut utiliser le gesso transparent, mais on lui préfère généralement le vernis ou la cire, plus faciles à travailler.

Comme la peinture, le vernis existe en fini mat, satiné ou brillant, le choix étant plutôt affaire de goût. Le vernis mat est relativement discret ; le satiné, également doux, possède un léger éclat, tandis que le brillant fournit un éclat vif. On applique le vernis en fin de travail. Bien laisser sécher chaque couche et la poncer soigneusement, de préférence à la laine d'acier, avant d'appliquer la suivante. Etaler le vernis à la queue à peindre ou à la brosse à vernir, légèrement biseautée, en évitant de former des coulures ou de laisser le vernis s'accumuler sur les moulures et le bord des panneaux.

La cire, cire d'abeille, cire d'antiquaire ou cire teintée, permet de donner aux surfaces un aspect plus ou moins brillant, plus ou moins patiné ou de modifier légèrement le coloris du bois.

On applique la cire au chiffon doux sur la peinture parfaitement sèche. Etalez une première couche épaisse que vous laisserez sécher plusieurs heures avant de lustrer le bois au chiffon de laine. Pour les couches suivantes, plus fines, le laps de temps entre l'application et le lustrage est plus court. Procédez par petits mouvements circulaires en exerçant une légère pression pour bien imprégner le bois.

## BROSSES ET PINCEAUX

C'est le choix de la brosse ou du pinceau qui détermine la qualité du travail et des finitions. Chaque brosse correspond à une utilisation précise.

**Queues à peindre** (ou brosses à décor) : ces brosses plates et plus ou moins larges (de 10 à 150 mm) servent à couvrir rapidement de vastes surfaces de manière uniforme. Pour la plupart des projets, des queues de 25, 40 et 50 mm suffisent.

**Brosses à pochoir** : ces brosses tubulaires possèdent un manche court et épais qui peut être tenu par le haut pour mieux maîtriser les touches. Elles vont de 10 à 50 mm de large. Bien que les queues à peindre permettent de réaliser des pochoirs, les poils raides des brosses à pochoir (ou pochons) donnent de meilleurs résultats (voir les techniques du pochoir, page 17).

**Brosses à chiqueter** : rectangulaires, elles sont dotées d'une poignée en anse et servent à lisser la peinture ou à en soulever les particules pour créer de multiples effets de texture.

**Brosses rondes** : épaisses et souples, elles possèdent une tête ovale parfaite pour le remplissage des motifs et l'exécution de touches larges et souples. Pour offrir les meilleurs résultats, elles doivent être bien imprégnées de peinture.

**Pinceaux à tableau** : de toutes tailles et de toutes formes, ils servent essentiellement à peindre les détails et les lignes. La plupart possèdent une pointe qui offre une grande précision ; d'autres, à tête plate et à manche coudé, sont particulièrement utiles pour travailler les bords et les arrondis.

**Les qualités de poils** : les poils, ou soies, jouent également un rôle essentiel dans les travaux de peinture. Les poils naturels (martre, écureuil, blaireau, bœuf, oreille de veau) sont généralement chers. Toutefois, si vous peignez souvent, les poils de martre, considérés comme les meilleurs, valent largement la dépense. Pour les débutants, les pinceaux et les brosses en soies de porc, très courants, sont parfaits.

Il existe également des brosses en fibres synthétiques, moins chères mais aussi moins résistantes. En outre, les fibres de Nylon ne conviennent pas à la peinture, aux vernis et autres matériaux qui nécessitent l'emploi d'un solvant tel que le white spirit ou la térébenthine qui en désagrègent les fibres.

**Nettoyage** : brosses et pinceaux résisteront mieux à l'usage et donneront de meilleurs résultats si vous en prenez soin et si vous les nettoyez régulièrement. Si vous travaillez à l'émulsion ou à la peinture à l'eau, lavez soigneusement les brosses dans une solution d'eau savonneuse immédiatement après usage (la peinture à l'eau sèche plus vite que la peinture à l'huile). Pour les peintures ou les vernis à l'huile, laissez tremper les brosses dans un bocal de white spirit ou de térébenthine avant de les rincer à l'eau claire.

Nettoyez également les pinceaux et les brosses à chaque changement de couleur afin de débarrasser les poils de tout résidu. Vérifiez leur netteté en les tamponnant sur une feuille de papier absorbant. Vérifiez également leur solidité : ôtez les poils lâches ou repliés afin qu'ils ne forment pas de « fils » ou ne viennent pas se fixer dans la couche de peinture. Coupez-les à ras de la virole ou dégagez-les en tirant légèrement dessus.

**White spirit**
Nettoyage et dilution
des peintures à l'huile.

**Vernis**
Fixation et protection
du décor pictural. Fini
mat, satiné ou brillant.

**Impression blanche**
Préparation du bois
brut avant l'application
de la première couche
de peinture.

**Ruban-cache**
Pour fixer le patron
des motifs, le papier
carbone, les gabarits et
les pochoirs sur le bois.

**Brosses à pochoir**
Application de peinture
sur les pochoirs.

**Colle à bois**
Assemblage des pièces
en bois entre elles.

**Plaque de coupe**
Surface de travail
pour les découpes
de pochoirs ou
de gabarits au cutter.

**Acétate transparent**
Confection de pochoirs.

**Carte de Lyon**
Carte forte enduite
d'huile de lin. Pochoirs
et gabarits.

**Crayons et feutres**
Report des motifs
sur le bois.

**Pinceaux à tableau**
Détails décoratifs.

**Cutter**
Découpe des gabarits
et des pochoirs.

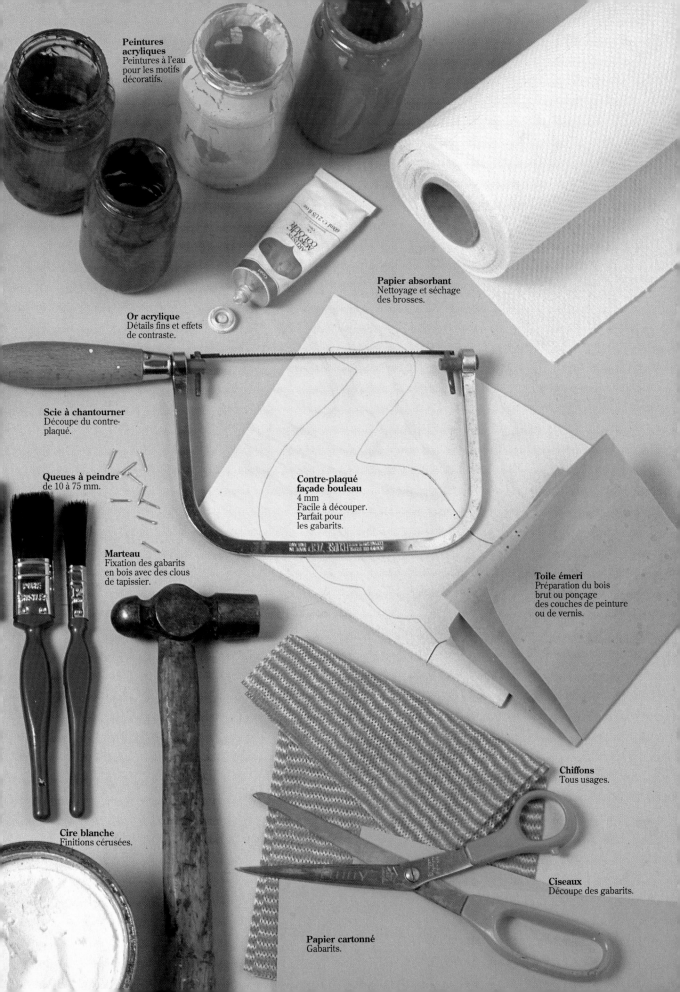

**Peintures acryliques**
Peintures à l'eau pour les motifs décoratifs.

**Or acrylique**
Détails fins et effets de contraste.

**Papier absorbant**
Nettoyage et séchage des brosses.

**Scie à chantourner**
Découpe du contre-plaqué.

**Queues à peindre**
de 10 à 75 mm.

**Contre-plaqué façade bouleau**
4 mm
Facile à découper.
Parfait pour les gabarits.

**Marteau**
Fixation des gabarits en bois avec des clous de tapissier.

**Toile émeri**
Préparation du bois brut ou ponçage des couches de peinture ou de vernis.

**Cire blanche**
Finitions cérusées.

**Chiffons**
Tous usages.

**Ciseaux**
Découpe des gabarits.

**Papier cartonné**
Gabarits.

# TECHNIQUES

Avant de décorer le meuble, il est essentiel de le préparer afin de disposer d'un support lisse et propre. S'il suffit de nettoyer les meubles bruts (non vernis), les meubles anciens devront souvent être décapés et traités, parfois restaurés.

Par ailleurs, il est bon de prendre la peine de réfléchir aux couleurs des motifs et à la manière de les reporter sur le bois en fonction de l'effet souhaité. Pour chacun de nos modèles, nous indiquons la marche à suivre. Les instructions de ce chapitre, plus détaillées, vous permettront de mettre en œuvre vos propres idées et de peindre d'autres meubles.

### PRÉPARATION DU BOIS
Les meubles bruts, généralement en pin, sont précisément destinés à être décorés par l'acheteur.

De ce fait, ils doivent simplement être nettoyés et dépoussiérés. Les vieux meubles doivent par contre subir un certain nombre de préparations, plus fastidieuses.

### BOIS BRUT
Certains meubles en bois brut sont protégés par une couche de cire. Dans ce cas, il est indispensable d'en débarrasser le bois : nettoyez le meuble au white spirit pour dissoudre la cire et poncez tous les panneaux à la toile émeri à grain fin.

Si le meuble n'est pas ciré, il suffit d'essuyer le bois avec un chiffon humide ou imbibé de white spirit. N'utilisez pas un chiffon mouillé : l'eau tacherait le bois. Poncez légèrement à la toile émeri à grain fin pour supprimer les éventuelles irrégularités du bois.

### BOIS ANCIEN
**Si le meuble est en bon état** et que la peinture ou le vernis n'est ni abîmé ni taché, il suffit d'appliquer une ou deux couches de gesso. Tout en jouant le rôle de fixateur, cet apprêt offre une surface lisse sur laquelle la peinture adhèrera parfaitement. Poncez chaque couche une fois sèche à la toile émeri à grain fin ou à la laine d'acier.

Le gesso existe en plusieurs coloris, mat ou opaque. Il permet de contrôler le pouvoir absorbant du bois tout en servant de base à la couche picturale. En outre, incorporé à la peinture à l'eau, il en renforce la résistance et la solidité.

**Si le meuble est abîmé** ou si le vernis et la peinture sont tachés et écaillés, il faut d'abord décaper et restaurer le bois. Pour enlever la cire, la peinture ou le vernis, vous utiliserez un décapant liquide. Chaque marque présente des différences, tant d'utilisation que de présentation : suivez soigneusement les instructions du fabricant et munissez-vous d'un masque et de gants protecteurs. Installez-vous si possible à l'extérieur, ou tout au moins dans un endroit aéré : ces produits sont toxiques. Appliquez une couche épaisse de décapant. Laissez agir (la peinture se ramollit et cloque). Raclez au grattoir ou à la brosse dure sur les moulures. Renouvelez éventuellement l'opération. Rincez à l'eau claire. Laissez sécher. Sachez toutefois que l'opération est plus longue et fastidieuse que ce qu'annoncent les modes d'emploi !

**Si le meuble est sérieusement endommagé** (fissures, entailles, etc.), vous boucherez les trous avec de la pâte à bois ou de la cire à reboucher (les appellations varient selon la marque), ou avec un feutre à retoucher s'il ne s'agit que de petites rayures, pour obtenir une surface lisse. D'utilisation aisée, ces matériaux se teintent et se peignent comme le bois.

Appliquez la pâte en lissant légèrement. Poncez entièrement le meuble pour lisser et niveler la surface. Là encore, travaillez en vous conformant aux instructions du fabricant.

*Etalez la pâte à bois au couteau sur les entailles.*

*Poncez avant de peindre et entre les couches de peinture ou de vernis.*

**Vermoulures** : dans certains cas, les vers auront attaqué le bois. On le voit aux petits orifices ronds qui ponctuent la surface des panneaux. Il est indispensable de traiter le bois au risque de le voir se décomposer progressivement et contaminer les autres meubles, les parquets et les poutres de la maison. Il existe une foule de produits traitants, à utiliser seuls ou incorporés aux teintures, aux cires ou aux vernis. Passez le produit au pinceau plat ou à l'aide de l'applicateur fourni qui permet d'injecter le liquide directement dans les trous.

**Ponçage** : on ponce le bois avant de passer la première couche d'impression ou d'apprêt et entre chaque couche de peinture ou de vernis afin que la couche suivante adhère mieux.

Vous trouverez dans les boutiques de bricolage toutes sortes de papiers abrasifs, de la toile émeri au papier silex en passant par le papier anti-encrassant (très utile pour les bois résineux et les vernis), en toutes sortes de grain : fin, moyen ou gros grain. Préférez le **grain moyen** pour supprimer les irrégularités du bois ou mettre la pâte à bois à niveau. Choisissez le **grain fin ou ultra-fin** pour lisser les couches de vernis ou de peinture et fournir une bonne surface d'adhérence à la couche suivante.

Pensez également aux papiers imperméables qui, par ponçage à l'eau, donnent un aspect satiné au bois.

**La laine d'acier**, disponible en écheveaux, est idéale pour les moulures, les pieds tournés et les zones difficiles à travailler au papier.

Pour les surfaces planes, enveloppez le morceau de papier abrasif autour d'un bloc de bois pour obtenir une pression uniforme et ne pas enlever plus de peinture à un endroit qu'à un autre. Travaillez toujours dans le sens du fil du bois.

**Impression ou apprêt** : lorsque le bois est net et lisse, on le prépare à recevoir les couches de peinture en appliquant du gesso ou une émulsion spéciale pour réduire son pouvoir absorbant et sa porosité et augmenter l'adhérence des couches suivantes.

On utilise généralement une impression blanche qui fournit une base opaque dissimulant parfaitement le bois sans modifier les coloris des couches picturales.

Si l'on se contente de teindre ou de patiner le bois, la couche d'impression est inutile.

### CHOIX DES COLORIS

Le choix des coloris du fond et des motifs est fonction de l'ensemble du décor de la pièce dans laquelle se placera le meuble, du style du meuble lui-même et de vos goûts. Observez les coloris de votre intérieur et essayez plusieurs compositions.

Rien ne vous oblige à privilégier les couleurs dominantes : le fond beige, plus discret, d'un canapé à motifs rouges peut parfaitement constituer la couleur dominante du meuble peint. Rapprochez deux coloris de base et étudiez les teintes complémentaires, y compris celles qui n'apparaissent pas dans la pièce.

Si vous partez du motif, réfléchissez à la manière dont les couleurs s'organiseront pour le mettre en valeur. Rien n'exige que les feuilles soient vertes ou que les citrons soient jaunes.

Laissez libre cours à votre imagination et n'hésitez pas à essayer plusieurs combinaisons : si le résultat vous déplaît, il sera toujours possible de poncer ou de recouvrir le bois d'une nouvelle couche d'impression blanche pour recommencer.

Les coloris de nos modèles ont été sélectionnés par les artistes pour un meuble donné, mais ils peuvent naturellement être remplacés par d'autres, plus adaptés à votre intérieur ou à vos goûts. Chaque coloris existe en plusieurs nuances : avant d'acheter la peinture, vérifiez que le rouge ou le bleu, voire le blanc choisi, possède la nuance assortie à l'ensemble du décor. Selon les marques, le même nom ne désigne pas la même couleur, les gammes ne sont pas les mêmes.

### MÉLANGE DES COULEURS

Il est possible de créer une nuance précise par le mélange de couleurs du commerce. Les couleurs primaires (rouge magenta, bleu cyan, jaune) permettent d'ailleurs d'obtenir toutes les autres couleurs. La plupart des marques proposent des nuanciers indiquant les dosages à effectuer pour obtenir d'autres couleurs.

Le blanc sert à adoucir certains coloris ou à créer des tons pastel.

Effectuez les mélanges en procédant par quantités progressives et en vérifiant régulièrement le coloris obtenu. Sélectionnez la couleur de base et incorporez peu à peu la seconde en mélangeant bien jusqu'à obtention de la nuance désirée.

Dans tous les cas, ne mélangez que des peintures de qualité identique : une peinture à l'huile avec une peinture à l'huile et une peinture à l'eau avec une peinture à l'eau.

Diluez les mélanges trop épais avec de l'eau (peinture à l'eau) ou du white spirit (peinture à l'huile). De nouveau, incorporez progressivement le diluant en mélangeant bien et en vérifiant régulièrement la consistance.

Calculez soigneusement la quantité de peinture dont vous aurez besoin afin de ne pas en manquer en cours de travail : vous n'obtiendriez peut-être pas la même nuance en effectuant le nouveau mélange et vous devriez alors tout repeindre. Il est préférable d'avoir trop de peinture que d'en manquer.

Conservez le reste dans un bocal bien fermé : vous l'utiliserez plus tard pour d'autres travaux.

### MOTIFS : CHOIX ET TECHNIQUES

C'est le style du meuble et du décor de la pièce qui détermine généralement le choix du motif et la manière de le reporter sur le bois.

Une règle traditionnelle veut que la taille du motif soit proportionnelle à celle du meuble : grands motifs audacieux pour les meubles imposants ; petits motifs délicats pour les petits meubles.

Dans la partie Exposition (pages 18 à 27), vous trouverez nombre d'exemples qui contredisent cette règle avec bonheur. S'il est vrai que, par le passé, elle constituait un principe évident, les artistes contemporains ont tendance à jouer sur les contrastes.

Certes, si la pièce comporte déjà des éléments spectaculaires, il est préférable de s'en tenir aux tons et aux motifs discrets qui compléteront la composition.

En revanche, il est possible de faire du meuble le centre d'intérêt de la pièce en le peignant avec les couleurs dominantes du décor environnant.

Prenez le temps d'étudier soigneusement le cadre : les murs, le sol, les tentures, les rideaux, voire le service de table ou les tableaux. Il existe également des livres de motifs (peinture sur bois, porcelaine, broderie, etc.) parmi lesquels vous dénicherez sûrement celui qui convient à votre style et à vos goûts. Tirez-en une photocopie noir et blanc à partir de laquelle vous reporterez le motif au carbone ou au pochoir sur le bois (voir page ci-contre). Il est possible d'agrandir ou de réduire la plupart des motifs pour qu'ils conviennent mieux à la taille du meuble.

### GABARITS

Les gabarits servent à tracer les contours des motifs sur le bois. En les disposant de différentes manières, vous obtiendrez toutes sortes de combinaisons plus ou moins répétitives.

Certains de nos modèles ont été réalisés à l'aide de deux techniques : un gabarit découpé dans une feuille de papier cartonné, et des silhouettes découpées dans du contre-plaqué puis fixées directement sur le meuble.

Les formes nettes et les motifs symétriques comme les feuilles et les fleurs constituent la meilleure source d'inspiration pour les gabarits. Dessinez le motif sur une feuille de papier. Procédez aux éventuelles retouches. Collez la feuille de papier sur le papier cartonné plié en deux. Découpez le papier en suivant les contours. Si nécessaire, esquissez un rapide croquis du motif pour évaluer son emplacement sur le meuble. Inutile de dessiner les détails : les formes générales suffisent pour juger que la taille du motif correspond à celle du meuble. Procédez aux éventuelles corrections.

Si le motif choisi est trop grand ou trop petit par rapport au panneau, il suffit de le réduire ou de l'agrandir à la main ou à la photocopieuse.

Quand l'ensemble vous satisfait, reportez le(s) motif(s) sur le contre-plaqué et découpez-le(s) à la scie.

## POCHOIRS

Comme les gabarits, les pochoirs servent à dessiner des motifs. Toutefois, il s'agit ici de peindre l'intérieur des formes évidées directement sur le support et non d'en tracer les contours.

On confectionne des pochoirs avec des feuilles d'acétate, de papier cartonné ou de carte de Lyon. On en trouve en métal dans le commerce. Transparent, l'acétate permet de mieux évaluer l'emplacement du motif, mais la carte de Lyon est plus facile à découper.

Avant d'évider les formes, fixez le support du pochoir sur la plaque de coupe. Commencez par les petites formes du motif : dès que les grandes formes sont évidées, le support perd sa rigidité et risque de glisser, notamment s'il s'agit d'acétate. Procédez à mouvements sûrs et fermes en déplaçant le cutter vers vous sans exercer trop de pression.

Lorsque le sens de la coupe change, tournez la plaque de coupe de manière à travailler toujours vers vous. Les lames du cutter s'émoussent rapidement ; changez-les souvent.

## PAPIER CARBONE

Le papier carbone permet de reporter directement le motif sur le bois. Avec du ruban-cache, fixez la feuille de carbone, côté encré sur le bois, puis le patron du motif par-dessus. Au stylo à bille, repassez sur les lignes du dessin sans trop appuyer pour ne pas rayer

*Réalisez les pochoirs dans une feuille d'acétate transparent ou, comme ci-dessous, dans de la carte de Lyon.*

le bois. Evitez également les frottements qui risquent de faire des taches sur le bois.

Avant d'enlever le patron, soulevez délicatement un des coins pour vérifier que le tracé a bien été imprimé sur le bois. Dans le cas contraire, replacez le coin et recommencez.

## CHIQUETAGE

Le chiquetage est une technique qui produit un effet de texture en pointillés. On tamponne la couche de peinture encore humide avec l'extrémité d'une brosse. Cette technique s'emploie également au pochoir : il s'agit alors d'appliquer la peinture sur le support sec avec des tapotements réguliers.

Toutes les brosses à poils durs et à manche large conviennent, mais ce sont les brosses à chiqueter qui donnent les meilleurs résultats.

Versez un peu de peinture sur une assiette plate et trempez l'extrémité de la brosse, sans trop charger les poils pour éviter les taches et les coulures. Enlevez éventuellement l'excédent de peinture en tamponnant les poils sur du papier absorbant. Vérifiez également que la peinture ne macule pas l'envers du pochoir avant de le déplacer.

## VIEILLISSEMENT

Il s'agit d'imiter l'aspect d'un meuble ancien en enlevant partiellement la couche supérieure de peinture pour faire apparaître celle du dessous.

Facilement réalisable, ce vieillissement fait beaucoup d'effet. Voir aussi la technique utilisée pour le berceau bavarois des pages 78 à 83, ou encore celle utilisée page 94.

## FINITIONS ET ASTUCES

Regardez bien les différents modèles que nous vous proposons. Chacun propose un « truc », une astuce, une finition particulière, que vous pourrez utiliser dans vos propres projets.

Chez les mêmes éditeurs, des ouvrages de peinture sur bois vous donneront encore d'autres idées :
- N. Von Merchart : *L'Art de la peinture sur bois*,
- Ch. Hemming : *La peinture décorative*,
- R. Moser : *Imitation laque*,
- S. Ramos : *Peinture paysanne pour tous*,
- J. Pécheur - Gilard : *Le bois peint*,
- A. Camponovo/N. Garnache : *Lampes en bois peint*,
- A. Garcia : *Pochoirs*.

# EXPOSITION

Ces meubles sont le fruit du mariage de l'utile et de l'esthétique, principe fondamental de l'art du mobilier peint. De styles aussi variés que leurs sources d'inspiration, elles révèlent combien, à partir de techniques communes à tous, chaque artiste a privilégié sa touche personnelle pour transformer des meubles ordinaires en œuvres d'art.

Toutefois, loin de proposer des modèles à imiter, cette « exposition » vise plutôt à vous inciter à mettre au point vos propres techniques tout en laissant parler votre imagination pour créer des meubles uniques.

**Meuble d'angle vénitien**
PORTA ROMANA
C'est un tableau de CANALETTO
qui a inspiré ce décor. Sur les panneaux
de pin patiné, l'artiste a appliqué
cinq couches de vernis en ponçant
soigneusement chaque couche pour
donner au bois une finition lisse
et brillante comme un miroir.

**Coffre Bogdani**

PORTA ROMANA

Le style est dû à l'immense talent de SARAH STURLEY. A partir de vieux meubles ou de meubles fabriqués sur mesure, elle transforme les objets les plus ordinaires en pièces de collection. Ses sources d'inspiration sont variées, souvent classiques comme le coffre ci-dessus inspiré par le style du peintre Jacob Bogdani.

**Tapisserie aux oiseaux**

PORTA ROMANA

Le ravissant décor de ce manteau de cheminée s'inspire d'une tapisserie du XVIIe siècle du Val de Loire. L'artiste a travaillé à la peinture à l'huile et appliqué de nombreuses couches de laque colorée pour donner au tableau une patine ancienne

## Bibliothèque trompe-l'œil
PORTA ROMANA

Célèbre pour ses trompe-l'œil, SARAH STURLEY a judicieusement maquillé ce meuble de télévision peu décoratif. La précision de son trompe-l'œil est telle que le spectateur se laisse aisément prendre au jeu, même lorsqu'il connaît le véritable usage du meuble.

## Devant de cheminée toscan
HOYES FIDLER PARTNERSHIP

Rebecca Hoyes et Alice Sheppard Fidler puisent leur inspiration dans l'architecture et la peinture classiques. Leur technique, associant le gesso et le vernis à l'huile avec la peinture acrylique à séchage rapide est, en elle-même, une technique classique. Leurs travaux montrent ainsi une certaine richesse.

## Meuble de cuisine
GABRIELLE SABRAN

Déçue par la peinture en deux dimensions de la peinture sur toile, Gabrielle Sabran s'est tournée vers les meubles pour donner une autre mesure à son art. Désormais, elle joue avec les trois dimensions pour produire des effets intéressants et spectaculaires comme sur le meuble ci-dessus. Elle modifie éventuellement les meubles à son gré pour mieux mettre ses idées en valeur.

## Fruitier
GABRIELLE SABRAN

Ce modèle révèle le goût de l'artiste pour les coloris vifs. Son style audacieux et personnel joue sur l'association d'acryliques et d'huiles qui lui offrent une vaste palette de coloris.

## Vaisselier
DAVE ET KAYE BALL

Décorateurs d'intérieur passionnés par la technique du pochoir, Dave et Kaye Ball ont été séduits par l'histoire et la technique des meubles peints. Comme pour ce vaisselier aux motifs discrets, ils s'inspirent du style cher aux pionniers allemands de Pennsylvanie (Etats-Unis).

## Commode jungle
JENNY NEWMAN

Jenny Newman a d'abord exercé ses talents de peintre sur meubles pour des amis qui souhaitaient égayer une vieille commode pour la chambre de leur enfant. Depuis, elle a travaillé sur des pièces très différentes, privilégiant toujours le caractère du meuble ou les goûts de ses clients. Avec les techniques et les matériaux qui ont fait leurs preuves sur ses tableaux, elle aborde le meuble comme une simple toile. Cette commode au dessin naïf et largement figuratif illustre sa passion pour les couleurs vives et tranchées, si appréciées des enfants.

## Desserte
DAVE ET KAYE BALL

Le décor peint de cette desserte aux lignes simples s'inspire également du style des pionniers allemands de Pennsylvanie. Les auteurs ont imité la patine des meubles anciens en employant la technique présentée page 78 pour le Berceau bavarois.

**Table
de backgammon**
MOLE BROWN

Après son diplôme
d'Arts décoratifs, Mole
Brown a travaillé aussi
bien sur la décoration
murale que sur des
horloges ou des tables
de jeu. Ses œuvres ont
été largement
influencées par ses
voyages en Inde et au
Népal, tant pour le
choix de ses motifs que
pour sa palette de
couleurs.

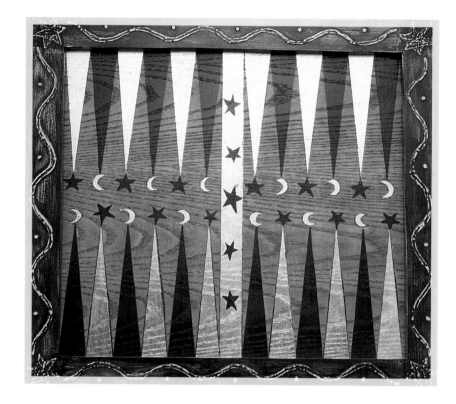

**Commode
aux animaux**
MOLE BROWN

Cette amusante scène
animale a été exécutée
dans le style naïf avec
des coloris naturels.
Mole Brown a utilisé la
succession des tiroirs
pour indiquer les
différents habitats des
animaux : les grimpeurs
sont placés sur les
tiroirs du haut ; les
animaux terrestres sur
ceux du milieu et les
animaux aquatiques,
poissons et crocodiles,
sur ceux du bas. Un
serpent enroulé sur le
tronc d'arbre central lie
la composition.

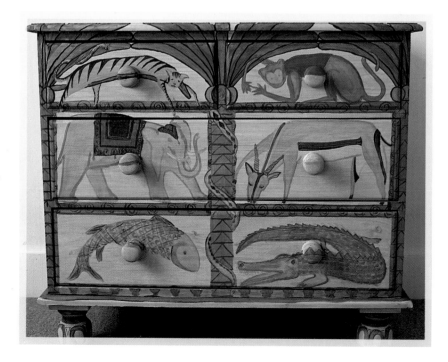

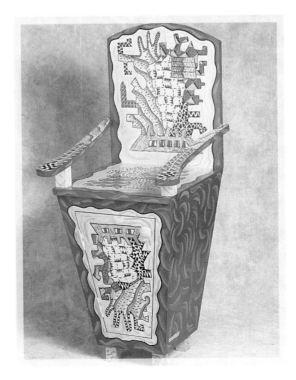

## Chaise bouffon
SARAH GREAVE
STEWART

Les œuvres uniques en leur genre de cette Américaine paraissent animées d'une énergie qui leur est propre. Sa passion pour les meubles peints est née d'un désir de combiner art et décoration intérieure. Les meubles constituent autant de toiles en trois dimensions qui s'intègrent au décor de la maison de manière très naturelle.

## Caridad
SARAH GREAVE
STEWART

Peint lors d'un séjour de l'artiste en Espagne, ce tabouret reprend les couleurs vives et les motifs géométriques du folklore local.

## Vers Jupiter
SARAH GREAVE
STEWART

Ce fauteuil original est né d'un rêve. L'emploi de peinture acrylique, qui sèche plus vite que la peinture à l'huile, reflète parfaitement le côté fugace des rêves : les temps de séchage ne devaient pas ralentir l'enthousiasme du créateur.

### Buffet shaker
SOMERSET COUNTRY FURNITURE

Ce grand buffet de cuisine à abattant s'inspire du style épuré du mobilier shaker. La corbeille de fruits, peinte à main levée, reprend les thèmes favoris des pionniers allemands de Pennsylvanie.

### Table trompe-l'œil
ROSIE FISHER

Rosie Fisher a peint ses premiers meubles pour apporter une note esthétique aux objets fonctionnels de son intérieur. Puis, le passe-temps s'est transformé en activité professionnelle avec la création de son atelier Dragons of Walton Street.

### Buffet de cuisine
SOMERSET COUNTRY FURNITURE

Cet atelier a démarré avec la restauration de meubles anciens, mais, depuis quelques années, l'entreprise propose des copies de pièces anciennes (Europe et Amérique du Nord). Comme pour ce buffet haut, les artistes obtiennent la patine et l'aspect vieilli d'authentiques pièces anciennes à l'aide de techniques très diverses.

### Trompe-l'œil
### Chambre d'enfant
ROSIE FISHER

Dans ce superbe exemple de trompe-l'œil, l'artiste a opté pour l'illusion, très convaincante, de jouets et de livres. Les enfants pourront ainsi admirer leurs compagnons favoris et leurs trésors personnels ; ce thème peut être adapté à l'infini.

### Commode
### pour enfant
JILL HANCOCK

L'œuvre de Jill Hancock est marquée par l'emploi de couleurs vives et de formes simples et frappantes. Cette commode a été peinte à main levée. Les oiseaux en bois ont été réalisés avant d'être fixés sur les tiroirs, technique reprise pour le coffre à jouets de la page 42.

# TABLE À FRISE

DAVID HANCOCK

Les plateaux de table constituent d'excellentes surfaces de travail qui permettent de réaliser aisément n'importe quel motif sans devoir tenir compte de moulures complexes et de recoins difficiles. Les pieds de cette table constituent en eux-mêmes un élément décoratif et il suffit d'en orner le haut, carré et donc facile à peindre, pour prolonger le décor du plateau.

La frise a été réalisée à l'aide d'un gabarit. Cette technique simple donne des résultats spectaculaires pour les motifs répétitifs, notamment sur les meubles présentant une surface importante, mais elle peut être utilisée pour de nombreux modèles.

## MATÉRIEL

- *Une petite table carrée*
- *1 litre d'impression blanche*
- *500 ml d'émulsion vinylique mate dans chacun des coloris suivants : gris, bleu pâle et bleu marine*
- *Un petit pot de peinture acrylique de chacun des coloris suivants : jaune d'or, orange, vert mousse, or et blanc • Queues à peindre de 10 et 40 mm (impression, fond et vernis)*
- *Pinceaux à tableau n° 1 et n° 2 • Papier cartonné fin (facile à découper aux ciseaux) • Crayon et ciseaux • Vernis mat ou cire • Toile émeri à grain fin...*

1 Préparez la table en suivant les instructions de la page 14. Appliquez une couche d'impression blanche. Laissez sécher. On peint une table en commençant par le bas : renversez-la et peignez les pieds et le dessous du plateau. Laissez sécher. Remettez la table à l'endroit pour peindre le plateau.

2 Avec la queue à peindre de 40 mm, appliquez une couche du coloris de fond sur toute la table sans oublier les pieds. Choisissez un coloris assorti aux tons de la frise décorative. Dans de nombreux cas, il est préférable d'utiliser le coloris le plus clair ou un coloris neutre du motif ornemental (blanc ou gris bleu comme ici). Ainsi, la frise n'est pas écrasée par le fond et l'ensemble de la composition conserve une certaine harmonie.

3 La frise se compose d'une répétition de motifs que l'on obtient avec un seul gabarit de base. Choisissez un dessin ou un motif symétrique et tracez-en la médiane au crayon pour obtenir deux parties identiques mais inversées. Reportez au calque le tracé de la moitié du motif sur le papier cartonné. Pliez-le en deux suivant la ligne médiane du motif. Découpez les contours du demi-motif en prenant les deux épaisseurs du papier cartonné en même temps (voir page 16, technique des gabarits).

4 A l'aide du gabarit, reportez plusieurs fois le motif au crayon sur le plateau. Pour obtenir une succession régulière, il est préférable de prendre quelques mesures. Posez le gabarit à plat sur la table et tracez un petit repère à chaque extrémité du gabarit. Déplacez-le le long des bords en repérant les extrémités de manière à vérifier le nombre de motifs par rapport aux dimensions de la table. Vous effectuerez ainsi les corrections nécessaires sans avoir à gommer les tracés au crayon ou à repeindre entièrement le fond. En procédant de la même manière, utilisez une partie du motif pour les pieds et pour les coins. C'est ce qui a été fait ici : un détail du motif a été reporté sur le haut des pieds. Une fleur relie les coins du plateau aux pieds.

5 Appliquez toujours la couleur principale du décor (ici, la bande bleu marine) avant de peindre les motifs. Ainsi, en cas d'erreur, vous rectifierez cette bande en peignant les détails par-dessus. Laissez sécher. Recouvrez soigneusement les formes délimitées au crayon avec de la peinture acrylique blanche en travaillant au pinceau n° 2. Sur un fond blanc, les couleurs ressortiront mieux, notamment les couleurs claires qui ont tendance à paraître ternes sur un fond sombre ou de couleur vive.

6 Couvrez également l'intérieur des motifs du haut des pieds de peinture acrylique blanche. Si vous avez des difficultés à manier le pinceau sur les bords, utilisez un pinceau à manche coudé pour mieux maîtriser les touches et obtenir des lignes souples et régulières.

7 Précisez les différentes parties du motif en utilisant des coloris vifs et en commençant par les formes de base. Laissez sécher chaque couleur avant d'en changer pour éviter les mélanges de peintures voisines. Si vous utilisez le même pinceau, nettoyez-le soigneusement à chaque changement de peinture pour éviter que des traces de la couleur précédente n'altèrent la couche suivante. Vérifiez la propreté du pinceau en le tamponnant sur une feuille de papier absorbant.

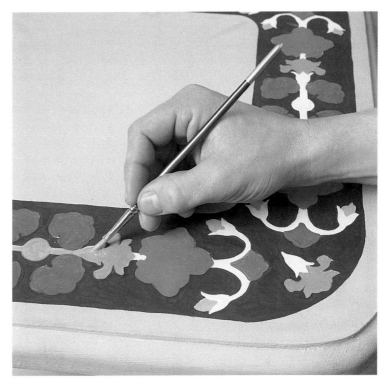

8 Avant d'ajouter les derniers détails, laissez sécher les coloris de base. Avec un pinceau à tableau fin bien chargé de peinture (pas trop toutefois : il ne doit pas goutter), procédez par petites touches pour compléter le motif en vous laissant guider par la forme et les mouvements du pinceau. Si vous êtes débutant, entraînez-vous sur une feuille de papier pour sentir comment les poils s'étalent sous le poids de la peinture, tracez des points et des virgules avec la pointe du pinceau. Appliquez ainsi quelques touches de peinture acrylique or au pinceau extra-fin pour souligner certains détails ou donner de l'éclat au décor.
Terminez par une couche de vernis mat ou de cire sur toute la table.

# LIT CHAMPÊTRE

JILL HANCOCK

Il suffit de quelques coups de pinceau pour que le lit devienne le centre du décor de la chambre. Ce modèle, avec ses canards naïfs et ses fleurs vivement colorées est digne de faire partie de l'héritage familial.

Avec des techniques simples, on a exécuté les frises à main levée tandis que les iris orangés ont été réalisés à l'aide d'un gabarit et que les canards, qui créent un superbe effet de relief, ont été découpés et peints avant d'être fixés sur le bois. Ne vous laissez pas décourager par la taille imposante de certains meubles ; dans de nombreux cas, comme ici, il s'agit simplement d'un ensemble de surfaces planes. En outre, la simplicité des techniques permet un travail rapide et plaisant dont le résultat est néanmoins spectaculaire.

## FOURNITURES :

• *Un lit* • *Un litre d'impression blanche* • *500 ml d'émulsion vinylique mate vert jardin* • *Un litre d'émulsion vinylique mate verte* • *Un petit pot de peinture acrylique de chacun des coloris suivants : vert clair, bleu ciel, bleu marine, ocre jaune, rouge et or. Ces coloris de base servent également à produire d'autres couleurs comme le blanc crème et l'orangé.* • *Une queue à peindre de 50 mm* • *Un jeu de pinceaux à tableau* • *Brosse à chiqueter (facultatif)* • *Contre-plaqué* • *Crayon* • *Scie à chantourner* • *Colle à bois ou 12 clous sans tête* • *Un litre de vernis laque* • *Toile émeri à grain fin...*

1 Préparez le lit en suivant les instructions de la page 14. Appliquez deux couches d'impression blanche en laissant bien sécher la première avant d'étaler la seconde et en recouvrant soigneusement toutes les surfaces. Après chaque couche d'impression, poncez à la toile émeri à grain fin ou à la laine d'acier pour obtenir une surface uniforme.

2 Avec la queue à peindre de 50 mm, étalez une fine couche d'émulsion vinylique mate vert jardin légèrement diluée à l'eau sur la tête de lit. Avant que la couche ne sèche (diluée à l'eau, elle sèche encore plus vite), utilisez l'extrémité de la queue à peindre ou d'une brosse à chiqueter à poils raides pour moucheter l'émulsion et imiter l'aspect du gazon.

3 Laissez sécher le fond de « gazon ». Dessinez la ligne des arbres : procédez par petites touches de peinture acrylique vert sapin (vert clair + bleu marine) au pinceau épais pour représenter les feuilles. Avant que le vert sapin ne sèche, ajoutez quelques touches de vert clair et de jaune ocre pour souligner les feuilles et accentuer leur relief.

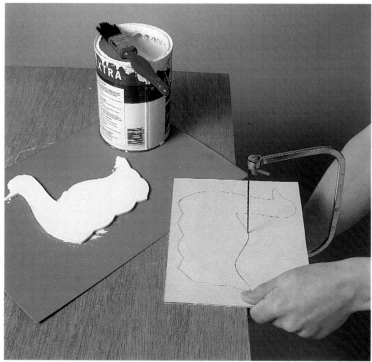

4 Dessinez les contours des iris et des canards à main levée sur un morceau de contre-plaqué. Découpez les formes à la scie à chantourner. Poncez avec la toile émeri à grain fin pour lisser les bords et la surface. Il est possible de réaliser le gabarit des iris dans du papier cartonné que l'on découpe aux ciseaux ou au cutter. Si vous ne vous sentez pas capable de dessiner les formes à main levée, relevez un motif de fleur composé de deux moitiés identiques. Coupez le motif en deux et confectionnez le gabarit en suivant les indications de la page 16. Les canards peuvent être peints directement sur la tête de lit en utilisant la découpe en bois comme un gabarit.

5 Disposez et dessinez les iris sur la tête de lit en prévoyant des écartements suffisants pour les canards, qui prendront place entre deux fleurs. Avant de dessiner entièrement les contours au crayon, repérez l'emplacement de chaque iris en marquant les extrémités du gabarit sur le panneau à décorer. Vous serez ainsi à même de procéder aux corrections nécessaires sans endommager la couche du fond.

6 Il est indispensable de préparer toutes les zones destinées à recevoir les motifs avec une couche de peinture acrylique blanche. Dans le cas présent, il s'agit de l'emplacement des iris, des pommes et des vaguelettes du bas du décor. Si vous avez choisi de peindre les canards directement sur la tête de lit, peignez également leur silhouette en blanc. Sinon, recouvrez les découpes en contre-plaqué d'une couche d'acrylique blanche. N'oubliez pas les arêtes : lorsque les canards seront fixés au lit, elles demeureront visibles et devront être peintes.

7 Laissez sécher la couche de blanc. Peignez le ruisseau, les iris et les pommes en procédant par couleur. Avant que les pommes ne sèchent, ajoutez une touche d'ocre jaune pour les rendre plus éclatantes et leur donner du relief.

8 Pâquerettes : commencez par le cœur jaune en touchant à peine le bois avec l'extrémité du pinceau à tableau le plus fin pour former un point. A partir de là, tracez de petits traits blancs rayonnants du cœur pour figurer les pétales. Pour plus d'exactitude, repérez l'emplacement des pâquerettes au crayon. N'oubliez pas que, si vous fixez les canards à la fin, il est inutile de peindre des pâquerettes à l'endroit qu'ils couvriront.

9 Frise des bords : appliquez une couche de bleu. Laissez sécher. Ajoutez un rang de triangles vert sapin. Terminez en peignant des pâquerettes à l'intérieur des triangles verts. Peignez également les bordures en orange.

10 La dernière touche : soulignez les contours des feuilles et ajoutez les détails des moulures orangées (traits) et des frises (points) à la peinture acrylique or. Les touches de peinture or et la reprise des coloris du motif sur les colonnes du lit complètent l'ensemble de la composition avec harmonie.

11 Réalisez les canards sans oublier de laisser soigneusement sécher chaque couleur avant d'appliquer la suivante. Pour obtenir un ensemble gai et original, choisissez des couleurs différentes pour chaque canard ou alternez deux palettes de couleurs.

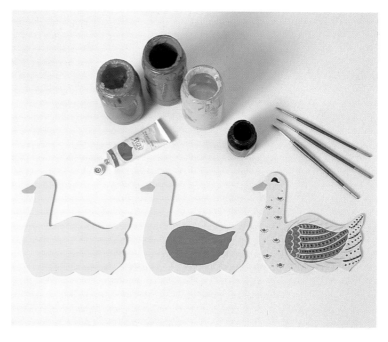

12 Laissez sécher les canards. Fixez-les sur le panneau de la tête de lit à la colle à bois ou à l'aide de clous sans tête.
Pour fixer et protéger la peinture, appliquez une couche de vernis laque sur tous les panneaux du lit. Travaillez en applications régulières en veillant à ne pas laisser le vernis s'accumuler sur les bords des canards en bois ou former des coulures qui gâcheraient le décor.

# COFFRE À JOUETS

JILL HANCOCK

Meuble fonctionnel s'il en est, le coffre constitue une excellente base de décor. Destiné au rangement des jouets, il offre un fond idéal pour la création d'une adorable saynète. Tous les enfants aimeront les couleurs vives et les chatons de ce modèle créé pour eux. Le fond géométrique est rehaussé d'étoiles peintes à main levée et les chats, qui constituent le centre d'intérêt du décor, sont peints avant d'être fixés. Si vous les regardez de près, vous verrez que, si leurs lignes sont simples, leur allure n'en est pas moins naturelle. La simplicité des techniques de ce type de modèle permet de jouer à volonté sur les coloris et sur les motifs en remplaçant, par exemple, les chats par les canards du modèle précédent ou d'autres figures tout aussi faciles à exécuter.

**FOURNITURES**
- *Un coffre à jouets en bois*
- *Un litre d'impression blanche* • *Un litre d'émulsion vinylique mate bleu azur*
- *Un petit pot de peinture acrylique de chacun des coloris suivants : violet, rouge vermillon, bleu nuit, jaune crème, blanc, orange*
- *Contre-plaqué de 4 mm*
- *Queue à peindre de 25 mm* • *Jeu de pinceaux à tableau* • *Eponge* • *Scie à chantourner* • *Crayon*
- *Clous sans tête (environ 4 par chat) et/ou colle à bois* • *Marteau*
- *Un litre de vernis laque*
- *Toile émeri à grain fin ou laine d'acier...*

1 Préparez le coffre à jouets en suivant les instructions de la page 14. Veillez à bien poncer les panneaux et les bords afin de supprimer les échardes et les arêtes vives dangereuses pour les petits enfants. Sur le bois parfaitement nettoyé et dépoussiéré, appliquez une première couche d'impression blanche. Laissez sécher. Poncez à la toile émeri à grain fin ou à la laine d'acier pour obtenir une surface lisse. Dépoussiérez et appliquez la seconde couche d'impression blanche.

2 Appliquez une couche d'émulsion vinylique mate bleu azur sur le panneau frontal du coffre. Sans attendre que la couleur ne sèche, tamponnez-en délicatement la surface avec une éponge sèche en travaillant régulièrement d'un bord à l'autre du panneau pour créer un effet de texture.

3 Appliquez le bleu azur sur la traverse du bas. A la place de l'éponge, utilisez l'extrémité de la queue à peindre pour moucheter le bleu azur avec l'acrylique violet.

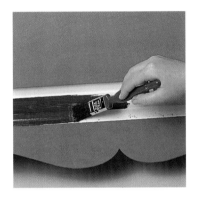

4 Peignez les moulures du haut et du bas, en bleu nuit ici.

5 Bordez le panneau frontal et l'abattant d'une couleur contrastée (ici, jaune crème) pour les souligner et former le cadre du tableau frontal.

6 Laissez sécher. A main levée, dessinez des étoiles (ou tout autre motif simple : fleurettes, lunes, etc.) de différentes tailles sur les fonds bleu nuit. Ici, les étoiles se composent de deux triangles de peinture acrylique blanche. Pour plus de précision, marquez l'emplacement des étoiles au crayon avant de les peindre.

7 En reprenant les traits orangés du modèle ou en choisissant un autre détail répétitif, rehaussez les bordures jaune crème de l'abattant à la peinture acrylique avec un pinceau à tableau.

8 A la scie à chantourner, découpez les chats dans du contre-plaqué de 4 mm d'épaisseur. Vous pouvez remplacer les chats par les canards du Lit champêtre (voir page 34), un motif relevé dans un album ou le personnage favori de votre enfant. Pour plus de sûreté, préparez un gabarit du motif dans du papier cartonné et reportez les contours sur le contre-plaqué (voir page 16 pour la confection des gabarits).
Poncez soigneusement le contre-plaqué pour lisser la surface et arrondir les bords. Appliquez une couche de peinture acrylique blanche sur chaque découpe sans oublier les arêtes qui seront visibles lorsque les silhouettes seront fixées sur le coffre. Laissez sécher. Peignez les détails de l'animal à votre gré.

9 Il est également possible de peindre les animaux directement sur le coffre. Préparez un gabarit en papier cartonné ou en contre-plaqué et reportez les contours de l'animal à intervalles réguliers ou en dessinant une scène attrayante sur le panneau frontal. Recouvrez les formes de peinture acrylique blanche. Laissez sécher. Peignez l'animal en commençant par le fond avant d'exécuter les détails. Laissez sécher.

10 Lorsque la peinture est parfaitement sèche, fixez les animaux en contre-plaqué sur le coffre à l'aide de colle à bois ou de clous. Les fixations seront plus solides (certains enfants tenteront peut-être d'arracher les chats) si vous associez la colle à bois et les clous. Enfin, il est possible de personnaliser le coffre en peignant le nom de l'enfant. Lorsque les détails sont achevés, laissez bien sécher la peinture et appliquez une couche de vernis laque sur l'ensemble du coffre, sans oublier les découpes et les pieds, pour fixer et protéger la peinture. Travaillez en applications régulières en veillant à ne pas laisser le vernis s'accumuler sur le bord des chats ou former des coulures.

# TABLE AUX CITRONS

JANE BROSSARD ET SANDRA KRIVINS

Faciles à dénicher, les petites tables d'appoint sont toujours utiles. Au lieu de dissimuler leur mauvais état ou leur banalité sous une nappe, il suffit de quelques coups de pinceau pour les transformer en éléments dominants du décor. La frise se compose d'une ronde de citrons réalisés au pochoir, et la patine discrète a été obtenue par une technique de ponçage à la toile émeri ultra-fine. Les pieds, ornés d'un ruban en trompe-l'œil, ont également été peints au pochoir, comme les barreaux dont le motif contraste avec le plateau. Les fruits peuvent être peints dans leur couleur naturelle ou interprétés selon vos goûts et le décor de votre intérieur.

## FOURNITURES

• *Une table en bois* • *Un litre d'impression blanche* • *Un litre d'émulsion bleue (ajoutez progressivement de l'émulsion blanche, et de l'eau si nécessaire, jusqu'à obtention de la nuance bleu ciel voulue)* • *Emulsion grise* • *60 ml de peinture acrylique dans chacun des coloris suivants : jaune citron, ocre jaune, vert lumière, vert sapin, violet, rouge vermillon* • *Queue à peindre de 25 mm* • *Brosse à pochoir* • *Brosse à chiqueter* • *Bocal en verre (pour mélanger les peintures)* • *Ruban-cache* • *Pochoir* • *Acétate transparent ou carte de Lyon, cutter, stylo-plume et encre de Chine* • *Deux chiffons doux* • *Vernis mat et cire…*

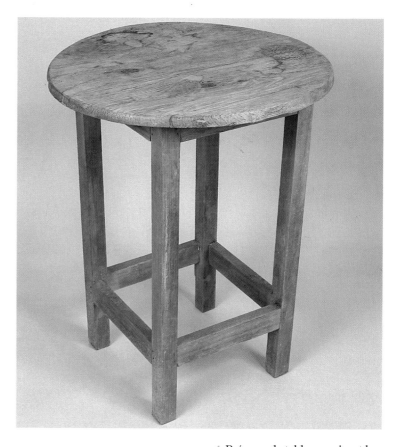

1 Préparez la table en suivant les instructions de la page 14. Sur le bois nettoyé et dépoussiéré, appliquez une couche d'impression blanche et laissez sécher.
Poncez soigneusement tous les côtés de la table à la toile émeri à grain fin ou à la laine d'acier pour obtenir une surface uniforme. Appliquez une couche d'émulsion bleu ciel. Laissez sécher.

2 La couleur suivante est composée d'émulsion blanche, d'une touche de bleu ciel et de quelques gouttes d'émulsion grise. Appliquez à la queue à peindre.

3 Avant que la dernière couche d'émulsion ne sèche, travaillez-la au chiffon doux pour faire légèrement apparaître la couche bleu ciel du dessous. Une autre technique consiste à laisser sécher la couche d'émulsion blanc grisé, puis à poncer la peinture à la toile émeri à grain fin pour révéler la couche du dessous.

4 Pour réaliser le pochoir, dessinez les contours du fruit sur une feuille d'acétate transparent à l'encre de Chine. Evidez soigneusement la forme au cutter. Pour plus de détails sur la confection et la technique du pochoir, reportez-vous aux pages 92 et 93, points 6, 7 et 8. Avant de commencer à peindre, marquez au crayon l'emplacement de chaque fruit sur le plateau de la table. Fixez le pochoir avec du ruban-cache pour éviter qu'il ne se décale en cours de travail. Trempez légèrement la brosse à pochoir dans l'émulsion jaune citron et remplissez la forme évidée (voir page 17, les techniques du pochoir et du chiquetage). Continuez ainsi sur tout le tour du plateau.

5 Laissez sécher les citrons. Pour donner du relief aux fruits, passez les contours à l'ocre jaune : replacez le pochoir sur le citron et tamponnez délicatement les bords à la brosse à pochoir trempée dans l'ocre jaune.

6 Réalisez les feuilles en procédant comme pour les citrons. Commencez par le vert le plus clair (vert lumière) et chiquetez les bords en vert sapin pour créer l'impression de relief.

7 Laissez sécher les feuilles. Peignez les autres fruits et les fleurs en travaillant toujours au pochoir.

8 On obtient l'aspect vieilli ou patiné du meuble en ponçant légèrement le plateau à la toile émeri à grain fin.

9 Dans la mesure où les pieds de la table présentent des surfaces planes, ils peuvent également être décorés au pochoir. Toutefois, ici, au lieu d'imprégner davantage la brosse à pochoir, on s'est contenté d'exercer une plus forte pression sur les extrémités des formes évidées afin que le milieu, plus clair, imite les chatoiements d'un ruban de satin et que l'ensemble donne l'impression que le ruban fait bien le tour des pieds. En procédant de la même manière, dessinez les boucles des barreaux qui équilibreront la composition. Laissez sécher. Appliquez deux couches de vernis mat. Il est possible de terminer par deux couches de cire d'antiquaire pour obtenir une finition mate plus soutenue.

# ARMOIRE DE TOILETTE

DAVE ET KAYE BALL

Une petite armoire de toilette peinte égaiera une salle de bain tout en offrant un espace de rangement supplémentaire. Les coloris de ce modèle restent discrets, mais vous les harmoniserez à votre gré avec les teintes du linge de toilette ou du carrelage, des montants de fenêtre ou du rideau de douche.

Le décor des panneaux de porte a été reproduit au papier carbone. Malgré son apparence élaborée, il s'exécute simplement en suivant les contours du patron. Inspirez-vous de motifs d'art populaire. Les tissus imprimés et les papiers peints, notamment les bandes de frises, constituent également une bonne source d'inspiration. Photocopiez le motif choisi et reproduisez-le au papier carbone. Vous pouvez également combiner plusieurs motifs pour en créer un nouveau.

## FOURNITURES

• *Une armoire de toilette en bois* • *Un litre d'impression blanche* • *Un petit pot de peinture acrylique de chacun des coloris suivants : bleu nuit, vert amande, vert sapin, rouge vermillon et ocre jaune* • *Queue à peindre de 25 mm* • *Pinceaux en poils de martre n° 4 et n° 5* • *Pinceau plat en poils de martre n° 6* • *Papier carbone* • *Stylo à bille* • *Ruban-cache* • *Vernis mat* • *Cire à patiner...*

1 Préparez l'armoire de toilette en suivant les instructions de la page 14. Sur le bois nettoyé et dépoussiéré, appliquez une couche d'impression blanche. Laissez sécher. Poncez entièrement l'armoire à la toile émeri ou à la laine d'acier pour obtenir une surface bien lisse.

2 Avec le pinceau plat n° 6, peignez le cadre du miroir, les bordures frontales et le cadre des panneaux de portes à la peinture acrylique (ici en vert amande).

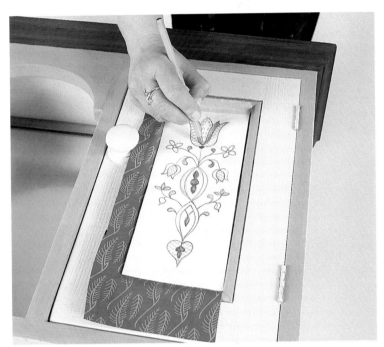

3 Nettoyez soigneusement le pinceau n° 6. Utilisez-le pour peindre la corniche du haut et la bordure du bas en vert sapin.

4 Pour reporter le motif choisi sur les portes de l'armoire, il suffit de fixer une feuille de papier carbone sur le panneau avec du ruban-cache et de fixer, de même, la photocopie du motif par-dessus. Repassez sur les lignes du motif au stylo à bille sans appuyer trop pour ne pas rayer le bois. Attention aux frottements qui risquent de laisser des taches d'encre sur le bois.

5 Remplissez les formes du motif à l'aide du pinceau en poils de martre n° 5 et réservez le pinceau n° 4 aux lignes et aux détails. Terminez par une couche de vernis mat ou de cire à patiner selon l'effet souhaité (voir page 11).

# CHAISE À LA FEUILLE DE CHÊNE

DAVE ET KAYE BALL

Voici un modèle parfait pour les débutants et pour ceux qui disposent de peu de temps : une bonne couche de peinture, quelques motifs exécutés au pochoir et voilà l'objet le plus ordinaire transformé en pièce décorative. Ici, les auteurs ont souligné la forme originale du dossier en disposant les feuilles de chêne en arc de cercle. On aurait pu également reprendre le motif au pochoir sur les barreaux du bas.

Si vous manquez vraiment de technique, on trouve dans le commerce des pochoirs prédécoupés en carton ou en métal.

1 Préparez la chaise en suivant les instructions de la page 14. Sur le bois nettoyé et dépoussiéré, appliquez une couche d'impression blanche. Laissez sécher. Poncez légèrement toute la surface de la chaise à la toile émeri à grain fin sans oublier les pieds. Dépoussiérez au chiffon doux et appliquez une couche de fond, ici, une émulsion coquille d'œuf crème.

2 Pour réaliser le pochoir, décalquez ou reproduisez le motif au papier carbone sur la carte de Lyon. On peut également découper le pochoir dans une feuille d'acétate transparent (pour plus de détails, voir page 92, point 6). Evidez les formes du motif au cutter.

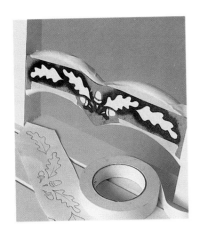

3 Fixez le pochoir sur le premier barreau du dossier avec du ruban-cache.

4 Versez une petite quantité des peintures à l'huile dans une assiette plate. Trempez l'extrémité de la brosse à pochoir dans la couleur et tamponnez-la sur une feuille de papier absorbant pour ôter l'excédent de peinture. Peignez les formes évidées du pochoir en exerçant un mouvement de va-et-vient, de haut en bas.
Laissez sécher au moins 24 heures avant de passer le vernis ou la cire (voir page 11).

5 On a remplacé le ton crème du fond par un bleu azur que l'on a travaillé pour créer un fini patiné (voir page 81) et le motif a également été exécuté au pochoir.

# ARMOIRE À ÉPICES

DAVE ET KAYE BALL

Toutes les cuisines ont besoin d'une petite armoire pour ranger les épices à portée de main au-dessus du plan de travail. A partir d'un petit meuble en pin, vous réaliserez un élément qui s'intégrera discrètement au décor, comme s'il faisait partie de la cuisine depuis toujours. Ou bien en choisissant des coloris vifs et un motif insolite, vous créerez un centre d'intérêt qui transformera la pièce.

Inspirez-vous des motifs et des coloris des torchons, des assiettes, du carrelage et des rideaux, ou dessinez des fruits et des fleurs.

## FOURNITURES
• *Une petite armoire à suspendre en bois*
• *Teinture pin ou tout autre coloris de votre choix*
• *500 ml d'impression blanche* • *500 ml d'émulsion jaune paille (ajoutez de l'émulsion blanche pour obtenir la nuance voulue)* • *Un petit pot de peinture acrylique de chacun des coloris suivants : bleu clair, vert foncé, rouge vermillon, noir et blanc* • *Deux chiffons doux* • *Queue à peindre de 25 mm* • *Brosse ronde n° 8* • *Pinceaux à tableau n° 4 et n° 6* • *Papier carbone*
• *Ruban-cache* • *Stylo à bille* • *Vernis mat ou cire à patiner...*

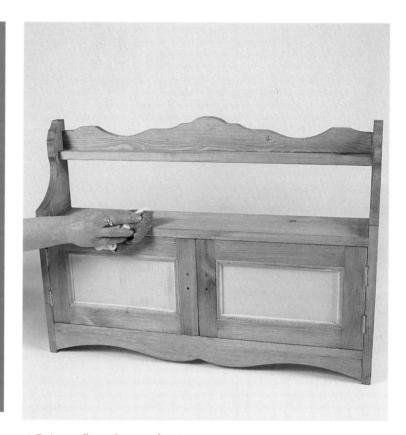

1 Préparez l'armoire en suivant les instructions de la page 14. Dans la mesure où l'on teint le bois, il est essentiel de reboucher les trous et les fissures avec une pâte à bois neutre pour éviter que les réparations ne laissent des taches qui modifieraient l'aspect de la couche de teinture. Sur le bois nettoyé et dépoussiéré, appliquez la teinture au chiffon doux. Travaillez tous les panneaux en une seule fois pour éviter les différences de nuance et les chevauchements. Si vous devez vous interrompre, terminez entièrement le panneau commencé.

2 A la queue à peindre de 25 mm, appliquez une couche d'impression blanche sur les panneaux des portes. Nettoyez soigneusement la queue à peindre et utilisez-la pour couvrir le reste de l'armoire d'une couche d'émulsion jaune paille (ou tout autre coloris de votre choix) en procédant par étapes.

3 Au fil de votre travail, passez un chiffon doux sur la peinture humide pour faire légèrement apparaître la teinture du dessous. Il est indispensable de procéder par étapes afin que l'émulsion n'ait pas le temps de sécher avant de passer le chiffon. N'oubliez pas qu'il s'agit de peinture à l'eau qui sèche rapidement.

4 A la brosse ronde n° 8, appliquez la peinture acrylique bleu clair sur la bordure des panneaux.

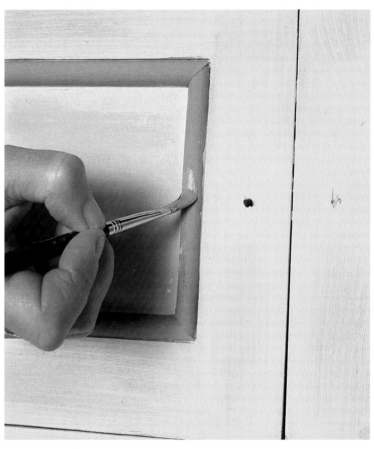

5 Reportez le motif sur les panneaux : fixez une feuille de papier carbone sur le panneau avec du ruban-cache. Fixez la photocopie du motif par-dessus. Repassez sur les lignes et sur les contours du motif au stylo à bille sans trop appuyer afin de ne pas rayer le meuble. Evitez les frottements qui risquent de laisser des taches sur le bois. Peignez le motif avec les pinceaux n° 4 et n° 6 en choisissant des couleurs simples et vives. Laissez à peine sécher les couleurs de base avant d'ajouter des touches plus foncées sur les bords des baies et au centre des feuilles pour leur donner un certain relief.

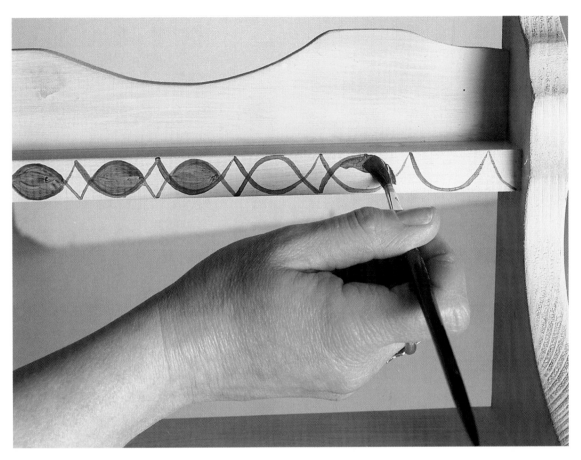

6 La frise du haut, composée de feuilles et de losanges, peut être réalisée à main levée ou dessinée au crayon avant d'être peinte.

7 Terminez par une couche de vernis mat ou de cire à patiner.

# ARMOIRE AU GLACIS

DAVE ET KAYE BALL

C'est l'association de peinture coquille d'œuf et de glacis qui donne à cette armoire à linge sa finition discrète et élégante. Ici, la simplicité de la technique fait écho aux lignes dépouillées du meuble, mais elle convient à toutes sortes de styles.

Pour obtenir l'effet de texture, on a passé un chiffon doux sur la couleur afin de faire apparaître la couche d'impression. Cette technique donne une allure artisanale raffinée aux meubles les plus ordinaires et les plus fonctionnels.

**FOURNITURES**
- *Une armoire-penderie*
- *2 litres d'impression blanche* • *500 ml de peinture coquille d'œuf verte* • *Vernis gras (glacis)*
- *Queue à peindre de 50 mm* • *Brosse à chiqueter* • *Pinceau plat en poils de martre n° 6*
- *Chiffon doux* • *White spirit* • *Vernis mat...*

1 Préparez l'armoire en suivant les instructions de la page 14. Sur le bois nettoyé et dépoussiéré, appliquez deux couches d'impression blanche en laissant soigneusement sécher chaque couche avant de la poncer pour obtenir une surface uniforme. En commençant par les panneaux latéraux, à la queue à peindre de 50 mm, appliquez le glacis suivant : 4 parts de vernis gras, 2 parts de peinture coquille d'œuf verte et 4 parts de white spirit. Passez le glacis sur toutes les surfaces, sauf sur : la corniche du haut, les pieds chantournés et le panneau intérieur des portes.

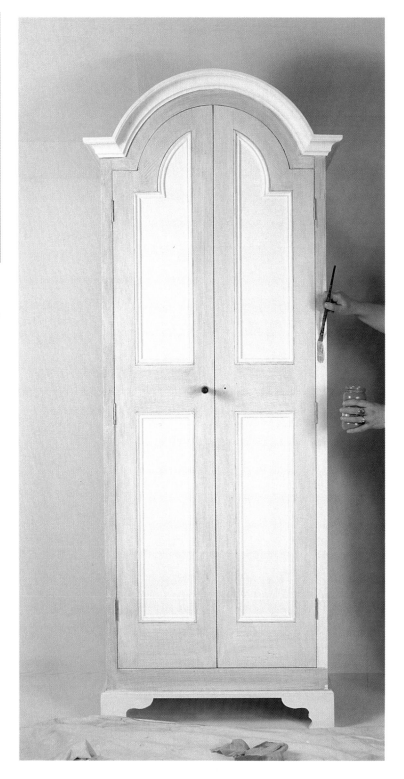

2 En procédant par étapes, passez un chiffon doux sur le glacis humide pour créer un effet de badigeon. Travaillez toujours dans le sens du fil du bois.

3 Préparez un glacis légèrement plus foncé (en augmentant la dose de peinture verte) qui recouvrira l'intérieur des panneaux de porte. Travaillez à la brosse à chiqueter sur le glacis humide en créant un effet de pointillés. Essuyez régulièrement la brosse pour éviter que la peinture ne s'y accumule. Ici encore, il est préférable de procéder par étapes en peignant et en chiquetant chaque panneau sans laisser au glacis le temps de sécher avant de passer au panneau suivant.

4 Au pinceau plat n° 6, appliquez une couche de glacis foncé sur les moulures des panneaux de porte en larges applications régulières pour obtenir une surface uniforme.

5 Enduisez la corniche du haut et les pieds de glacis foncé.

6 Sans attendre que le glacis ne sèche, essuyez-le avec un chiffon doux sec en longs passages souples pour obtenir l'effet de badigeon. Terminez par deux couches de vernis mat.

# COMMODE INDIENNE

DAVE ET KAYE BALL

Cette commode illustre parfaitement la manière de s'inspirer de l'artisanat populaire pour décorer des meubles. Ici, les auteurs ont repris les motifs des couvertures et des paniers fabriqués par les Indiens d'Amérique pour composer une commode spectaculaire.

Ils ont adapté les motifs à la taille des tiroirs avant de les reproduire sur le bois au papier carbone. Les boutons et les lignes bleu nuit du haut et du bas soulignent le décor sans l'écraser.

1 Préparez la commode en suivant les instructions de la page 14.

## FOURNITURES

• *Une commode en bois*
• *Un litre d'impression blanche* • *Un litre de peinture acrylique turquoise* • *Un petit pot de peinture acrylique de chacun des coloris suivants : bleu nuit, vert jardin, rouille et ocre jaune* • *Queue à peindre de 40 mm. Pinceaux à tableau n*os *5, 6* • *Chiffon doux* • *Toile émeri à grain fin* • *Papier carbone* • *Ruban-cache* • *Stylo à bille* • *Vernis ou cire...*

2 Nettoyez et dépoussiérez le bois. Retirez les tiroirs et dégagez les boutons. Appliquez une couche d'impression blanche sur toutes les parois sans oublier les arêtes des tiroirs, des pieds et le dessous du plateau. Laissez sécher. Poncez entièrement le meuble et tous les tiroirs à la toile émeri à grain fin pour obtenir une surface lisse.

3 Recouvrez les panneaux latéraux, le devant et le plateau de la commode de peinture acrylique turquoise.

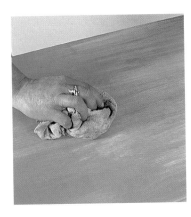

4 Au fur et à mesure, passez un chiffon doux sur la peinture humide pour créer un effet de badigeon. Travaillez toujours dans le sens du fil du bois.

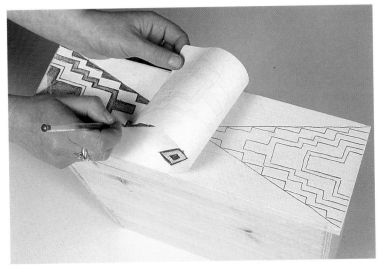

5 Pendant que la couche de bleu turquoise sèche, reportez les motifs sur le devant des tiroirs à l'aide de papier carbone (pour plus de détails sur la technique du carbone, voir page 17). Pensez à modifier l'échelle pour les deux petits tiroirs.

6 Les pinceaux n° 5 et n° 6 suffisent pour le motif présenté ici. Si votre motif comporte des détails plus fins, utilisez un pinceau n° 4.

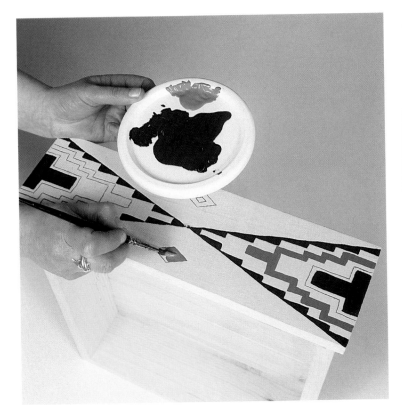

7 Enduisez le bord du plateau et de la traverse du bas de peinture acrylique bleu nuit. Terminez par une couche de vernis ou de cire (pour plus de détails sur la manière d'appliquer le vernis ou la cire, voir page 11).

# BERCEAU BAVAROIS

DAVE ET KAYE BALL

Ce ravissant berceau ancien méritait d'être restauré et mis
en valeur par un décor élaboré pour devenir l'un des bijoux
de l'héritage familial. Le motif bavarois de fleurs est parfaitement adapté au style du berceau ; cependant il peut être
remplacé par un dessin mieux assorti à vos goûts ou à la
chambre de votre enfant. S'il ne sert pas de lit, ce modèle
est suffisamment décoratif pour accueillir des jouets et des
peluches.

## FOURNITURES

*• Un berceau en bois*
*• Un litre d'impression blanche • Un litre d'émulsion vinylique mate dans chacun des coloris suivants : rouge brique, vert sapin et crème • Un petit pot de peinture à l'huile de chacun des coloris suivants : bleu clair, vert jardin, vert pâle, gris, blanc, terre d'ombre naturelle et ocre jaune*
*• Queue à peindre de 25 mm • Brosse à pochoir*
*• Pinceaux à tableau n° 4, n° 6 et n° 8 • Papier carbone • Ruban-cache*
*• Stylo à bille • Laine d'acier moyenne • Cire à patiner...*

1 Préparez le berceau en suivant les instructions de la page 14. Poncez soigneusement toutes les parois et les bords sans oublier d'arrondir les arêtes vives pour éviter que les enfants ne se blessent.

2 Sur le bois nettoyé et dépoussiéré, appliquez une couche d'émulsion vinylique crème sur l'intérieur des parois et une couche de rouge brique sur l'extérieur. Certaines peintures à l'huile contiennent du plomb. Si le meuble est destiné aux enfants, il est préférable de choisir une peinture acrylique à base d'eau : tous les bébés ont une fâcheuse tendance à lécher les bords de leur lit et le plomb risque de les intoxiquer. Laissez sécher. Poncez à la toile émeri ou à la laine d'acier pour obtenir une surface uniforme.

3 Pour obtenir l'aspect vieilli, passez de la cire d'abeille sur les zones susceptibles de s'user plus vite avec le temps : sur les bords et autour des poignées par exemple.

4 Laissez sécher la cire. Passez une couche d'émulsion vert sapin sur l'extérieur des panneaux. Laissez sécher.

5 Enfilez des gants de protection et poncez toutes les parois en insistant davantage sur les zones sujettes à l'usure, c'est-à-dire là où vous avez appliqué la cire, afin de faire apparaître la couche de peinture rouge brique ou le bois (sur l'intérieur des panneaux). Essuyez soigneusement le bois pour bien le dépoussiérer avant de passer à l'étape suivante.

6 Avec du ruban-cache, fixez le motif sur le panneau à décorer en plaçant la feuille de papier carbone côté encré sur le bois. Repassez sur les lignes et sur les contours du motif au stylo à bille sans trop appuyer pour ne pas rayer le bois. Avant de décoller le patron, soulevez délicatement un des coins de la feuille pour vérifier que le tracé a bien imprimé le bois. Dans le cas contraire, replacez le coin et repassez sur les lignes. De cette manière, vous obtiendrez un tracé net sans doubles lignes.

7 Peignez le motif en remplissant d'abord les formes pleines aux pinceaux n° 6 et n° 8. Laissez soigneusement sécher avant de peindre les détails.

8 Pour les détails et les lignes, utilisez le pinceau n° 4.

9 Terminez par deux couches de cire à patiner sur toutes les surfaces pour fixer la peinture et donner un certain lustre au décor.

# BONNETIÈRE AU NATUREL

DAVE ET KAYE BALL

En général, les meubles peints sont entièrement décorés. Toutefois, lorsque la qualité du bois le justifie, il est possible de ne peindre qu'une partie du meuble pour mettre en valeur sa fibre et sa teinte naturelle.

La bonnetière ci-contre constitue un exemple raffiné de cette technique où les motifs et les coloris sont choisis pour souligner la beauté du bois, et non pour dissimuler son mauvais état. Parfait pour les débutants, ce modèle permet d'appliquer les principes de la peinture sur bois sans se lancer dans une entreprise démesurée.

1 Préparez la bonnetière en suivant les instructions de la page 14.

**FOURNITURES**
- *Une bonnetière en bois*
- *Teinture pin (ou tout autre bois de votre choix)*
- *500 ml de peinture acrylique bleu nuit pour les traverses* • *Un petit pot de peinture acrylique de chacun des coloris suivants : vert jardin, rouge vermillon, bronze et gris*
- *Deux chiffons doux (un pour la teinture, un pour la cire)* • *Queue à peindre de 25 mm* • *Pinceaux à tableau plats n$^{os}$ 4, 5 et 6*
- *Papier carbone.*
- *Stylo à bille* • *Papier crêpe* • *Cire à patiner...*

2 Nettoyez et dépoussiérez soigneusement le bois. Appliquez la teinture sur tous les panneaux, à l'intérieur et à l'extérieur, à l'aide d'un chiffon doux en larges applications régulières dans le sens du fil du bois. Passez toute la couche en une seule fois pour éviter les taches et les superpositions qui entraîneraient la formation de zones plus sombres. Si vous devez vous interrompre, terminez entièrement le panneau commencé.

3 Peignez la corniche du haut et la traverse du bas en acrylique bleu nuit.

4 Sur le contour de la porte, délimitez une bordure de 25 mm de large à l'aide de ruban-cache. Sur les bords de la découpe, utilisez du papier crêpe, plus extensible, qui épouse mieux les contours. Si nécessaire, mesurez la largeur de la bordure et reportez quelques repères au crayon pour obtenir une bordure parfaitement régulière. Au pinceau plat n° 6, peignez la bordure, ici en gris. Laissez sécher et retirez le ruban-cache.

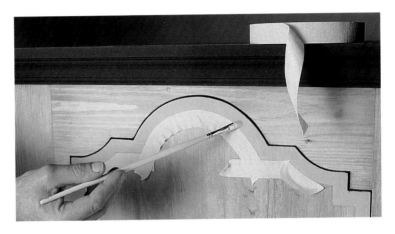

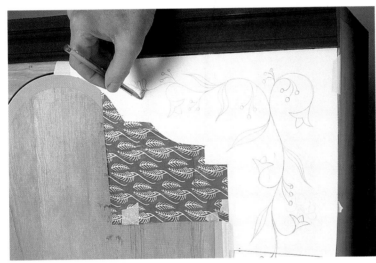

5 Lorsque toutes les couleurs sont sèches, reportez le motif sur le panneau frontal à l'aide de papier carbone (pour plus de détails sur la technique du carbone, voir page 17). Pour ce modèle, il est conseillé de découper la feuille de papier carbone et le patron (ou la photocopie) en suivant les bords de la découpe du panneau en bois afin de placer correctement le motif par rapport à celle-ci.

6 Peignez le motif en remplissant d'abord les formes au pinceau n° 5 et en réservant le pinceau n° 4 aux lignes et aux détails. Terminez par une couche de cire : elle donne au bois teint un éclat satiné très soutenu. Ici, on a employé une cire à patiner, mais vous pouvez également choisir une cire différente selon l'aspect que vous voulez obtenir (voir page 11).

# MEUBLE D'ANGLE

JANE BROSSARD ET SANDRA KRIVINE

Les petits meubles d'angle permettent de gagner de l'espace tout en offrant un espace de rangement. De conception simple, en bois, ils sont rarement attrayants, mais ils constituent un support idéal pour les talents du peintre amateur. La technique du pochoir utilisée pour ce modèle vous aidera à créer facilement un motif élaboré digne d'un professionnel.

Inspirez-vous des motifs d'un service de table, d'autres meubles ou relevez une illustration dans un livre de motifs. Si vous manquez de confiance en vous, procurez-vous un pochoir prédécoupé.

1 Préparez l'armoire en suivant les instructions de la page 14. Sur le bois nettoyé et dépoussiéré, appliquez une couche d'émulsion blanche en veillant à bien recouvrir toutes les moulures.

2 Laissez sécher. Poncez légèrement le meuble à la toile émeri à grain fin ou à la laine d'acier pour obtenir une surface uniforme. Recouvrez le meuble d'une couche de peinture jaune paille (jaune citron + blanc) en commençant par le panneau intérieur de la porte et par les panneaux latéraux afin qu'ils aient le temps de sécher pour être décorés dès que vous aurez terminé les autres fonds.

3 Retirez le tiroir et appliquez la couche du fond (ici, en bleu ciel). Peignez également l'intérieur et les côtés du tiroir, qui sont visibles lorsqu'on l'ouvre. Pour les rayures, posez des bandes de ruban-cache sur les bords en les alignant bien avec les arêtes du tiroir (voir photographie ci-contre).
Les rayures sont peintes en deux temps. Posez deux bandes verticales de ruban-cache, bien parallèles aux bords du tiroir. A la brosse à pochoir ou au pinceau, peignez les rayures verticales.

4 Laissez sécher. Otez le ruban-cache et recommencez l'opération pour les deux rayures horizontales. Attendez que la peinture soit parfaitement sèche avant de décoller le ruban-cache afin de ne pas soulever la couche de peinture en tirant.

5 Peignez le reste des bordures et des moulures. Ici, on a utilisé les couleurs pêche, or et bleu. Sur les moulures intérieures de la porte, l'or figure le cadre dans lequel viendra s'insérer, tel un tableau, le motif de la corbeille réalisé au pochoir.

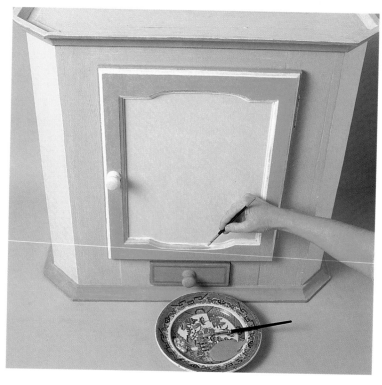

6 Pour confectionner le pochoir, posez la feuille d'acétate transparent sur l'illustration à reproduire. Décalquez le motif à l'encre de Chine. Evidez les formes au cutter. Contrairement à la technique du gabarit, on ne reporte pas les formes sur le bois avant de les peindre : à l'aide de la brosse à pochoir, on peint les formes en travaillant directement sur la feuille d'acétate.

Il est possible de remplacer l'acétate par de la carte de Lyon ou du papier cartonné, plus faciles à découper. Toutefois, parce qu'il est transparent, l'acétate permet de décalquer le motif directement, sans avoir recours au papier carbone, et de juger d'un simple coup d'oeil de la bonne position du motif.

7 Fixez le pochoir sur le panneau de porte avec du ruban-cache. Remplissez les formes évidées avec la brosse à pochoir en utilisant la technique du chiquetage (voir page 17) et en tamponnant le bois jusqu'à obtention de l'intensité désirée. N'hésitez pas à déborder sur la feuille d'acétate pour bien remplir les découpes.

Pour la corbeille présentée ici, les différents éléments du motif ont été dessinés au hasard sur la feuille d'acétate. Ils ont été harmonieusement disposés ensuite, en déplaçant le pochoir sur le bois. On a peint la corbeille avant de la « remplir » de fleurs et de fruits. Laissez sécher chaque élément avant de déplacer le pochoir afin de ne pas tacher le panneau.

8 Appliquez le pochoir des grappes de raisin sur les panneaux latéraux. Celui-ci a été réalisé à partir d'un motif imaginé par Lyn le Grice. Vous trouverez dans le commerce des pochoirs prédécoupés, mais vous pouvez le fabriquer vous-même : il suffit d'y consacrer un peu de temps et de patience.

9 Laissez sécher. Terminez par deux couches de vernis en laissant sécher la première et en la ponçant légèrement avant d'appliquer la seconde.

Ce modèle a été enduit ensuite de deux couches de cire blanche qui lui donnent une patine légèrement cérusée tout en adoucissant les coloris.

La première couche, généreuse, puis la seconde, ont été soigneusement lustrées au chiffon doux.

Avant de cirer l'ensemble du meuble, procédez à un essai sur une petite surface. Si la cire blanche ne fournit pas les résultats espérés, remplacez-la par de la cire d'abeille.

10 Sur les surfaces décorées au pochoir, on obtient un effet de patine en remplaçant la cire blanche par un vernis craquelures qui imite le vieillissement observé sur de nombreux tableaux anciens.

Appliquez le vernis craquelures sur la dernière couche de vernis en suivant les instructions du fabricant.

Pour accélérer le séchage, utilisez un sèche-cheveux qui renforcera la patine. Il est possible d'enduire les parties « craquelées » d'huile terre d'ombre naturelle, afin de faire ressortir les craquelures, et de lustrer au chiffon doux pour donner au meuble une patine « antiquaire » plus authentique. Toutefois, cette technique exige une certaine pratique. Laissez sécher avant d'encaustiquer le meuble à la cire d'abeille.

# FLEURUS-IDÉES

## MANIE-TOUT

Cerfs-Volants
Marionnettes à fils
Vive Carnaval !
Le tapissier amateur
Cannage-rempaillage
Pâte à sel
Couronnes en fête
Les masques démasqués
Le plâtre
Le livre complet
   de la peinture sur soie
Masques aux quatre saisons
   (plumes, perles, feuilles...)
Aéromodélisme
Cadrans solaires
Bijoux en soie
Vidéo / Le guide
   de l'amateur
L'artisan-vernisseur
Cartonnage - gainerie
Cuir drapé

## FLEUR'ART INITIATION

Le fusain ou l'apprentissage
   du dessin
Le pastel ou la découverte
   de la couleur
L'huile ou le plaisir
   de la matière
Le graphisme ou le langage
   par l'image
L'atelier des petits
L'art et les petits
Arts plastiques (5 à 12 ans)

## HOBBY PEINTURE

L'aquarelle
Le dessin
La peinture à l'huile
Composition et perspective
L'aérographe-initiation
Pochoirs
Le guide de l'amateur

## SÉRIE « MAJOR »

La peinture à l'huile :
   paysage et nature morte
La peinture et l'aquarelle :
   paysage et nature morte

## LES SECRETS DE L'ARTISTE

Les secrets de la peinture
   à l'huile
Les secrets de l'aquarelle
Les secrets du paysage
Les secrets du dessin
   au crayon
Les secrets de la nature
   morte
Les secrets du croquis
Les secrets de la perspective
Les secrets d'une vraie
   créativité
Les secrets du pastel
Aquarelle : couleur
   et lumière
Les secrets de la peinture
   chinoise
L'art de la composition
   et du cadrage

## SAVOIR-CRÉER

Le bois peint
Peinture paysanne pour tous
La peinture sur soie/2
Peinture sur tissus de coton
Fleurs naturalisées
Peinture sous verre
Peinture sur porcelaine
Les tissus en voient
   de toutes les couleurs
L'art du papier découpé
Maquillages visages
L'art de recevoir comme
   au Moyen Age
Aquarelles sur soie
Les machines singulières
Les secrets du sucre
Pour le peintre amateur
Le jouet en bois
Le plaisir d'encadrer
La reliure
Imitation laque
Je peins sur tissus
   à la manière de...
Sculptures en papier plié
L'art de la peinture sur bois
L'encyclopédie des origami
Peinture décorative :
   trompe l'œil, imitation bois,
   marbre
Histoires et secrets
   de pâte à sel
Pliages de serviettes
   pour tables de fête
Peindre la porcelaine
Introduction à l'encadrement
La Marqueterie
Décoration de la céramique